# REIKI USUI 2EME DEGRE

## OKUDEN – ENSEIGNEMENTS CACHES

Valérie Battaglia

# REIKI USUI 2EME DEGRE

## OKUDEN – ENSEIGNEMENTS CACHES

### Tout est énergie – Albert Einstein

©2022, Valérie Battaglia
ISBN : 978-2-3224-5141-8
Édition : BoD – Books on Demand, info@bod.fr
Impression : BoD – Books on Demand, In de Tarpen 42, Norderstedt (Allemagne)
Impression à la demande
Dépôt légal : septembre 2022

*« Si le Reiki pouvait s'étendre à travers le monde, il toucherait le cœur humain et les mentalités de la société. Il serait une aide précieuse pour beaucoup d'entre nous, guérissant non seulement les maladies, mais aussi la Terre en tant que tout. »*

Maxime gravée sur la tombe du Dr USUI

**Juste pour aujourd'hui**
**Je me libère de toute préoccupation**

**Juste pour aujourd'hui**
**Je me libère de toute colère**

**Juste pour aujourd'hui**
**Je rends grâce pour mes nombreuses bénédictions**
**J'honore mes parents, mes professeurs, mes aïeux**

**Juste pour aujourd'hui**
**Je vis ma vie avec honnêteté**

**Juste pour aujourd'hui**
**Je respecte la vie autour de moi sous toute forme**

A Mallow...

# SOMMAIRE

Des Kotodamas aux symboles  13
  1. Les Kotodamas  14
  2. Les symboles  15
    HSZSN  17
    SHK  18
    CKR  20
    SKSK  21
Les soins avec les symboles  22
Beaming – Rayonnement  23
Le soin Reiki à distance  24
  1. A une personne  24
  2. A une situation  27
  3. Après un soin sur une autre personne  29
  4. Sans la permission du destinataire  29
  5. Passé, présent et futur  30
  6. A une personne décédée  36
  7. Une autre utilisation du Reiki à distance  36
Techniques Japonaises de Reiki  37
Le cristal de Quartz  40
Méditation avec les traits des symboles  42
Ma lignée  43
Annexe : la spirale  44

# LES QUATRE PORTEES DU REIKI

Le premier degré (Shoden – enseignement pour les débutants) s'adresse au physique, le deuxième degré (Okuden – enseignements cachés) au mental/émotionnel, le troisième degré (Shinpiden – enseignements des mystères) au psychique et le quatrième degré (Gokui kaiden – initiation à tous les secrets) au spirituel.

En réalité, les quatre effets se mélangent et s'influencent de manière réciproque. Néanmoins cette classification reste correcte.

- Physique : renforce le système immunitaire, débloque les énergies, aide à la détoxination, agit sur la douleur, le stress, freine les effets du vieillissement, rééquilibrage énergétique, stimule l'auto-guérison

- Mental/émotionnel : relaxant et calmant sur le système nerveux, rééquilibre les émotions

- Psychique : relaxant et calmant sur le mental, permet de clarifier les pensées

- Spirituel : le Reiki nous relie à la Source, à l'Amour inconditionnel. Son énergie développe notre conscience

"L'Homme ressemble au Ciel et à la Terre" dit le Huangdi Nei Jing. Les lois qui régissent son fonctionnement sont les mêmes que celles qui gouvernent la Nature, l'Univers. Ainsi, il lui appartient lors de son existence d'obéir au mieux à ces lois, sous peine de dysharmonie, de déséquilibre et de maladie.
La santé est un état d'harmonie dynamique et holistique (globale), fruit de la libre circulation de la Vie sur tous les plans constituant l'humain : physique (Corps), émotionnel (Cœur), mental et spirituel (Esprit).
Nous sommes responsables de la façon dont nous accueillons la Vie. Celui qui est en lutte permanente, par définition, n'est jamais en paix dans son cœur et son esprit. Alors se créent des blocages et c'est le corps qui s'exprime avec des "mal-a-dit". C'est pourquoi le soin du corps est certes indispensable mais pas suffisant : La santé globale, le bien-être, c'est l'harmonie du Corps, du Cœur et de l'Esprit.

# DU KOTODAMA (SON SACRE) AU SHIRUSHI (SYMBOLE)

Usui Sensei décide d'ajouter à sa transmission les Kotodamas : des sons sacrés millénaires. Ces sons sont transmis aux personnes qui souhaitent aller plus loin dans la pratique du Reiki et être initiées au deuxième degré.

En 1925, Chujiro HAYASHI et ses collègues officiers dans la Marine Impériale arrivent à l'association de Usui Sensei.
Bien que très enthousiastes par rapport au Reiki, ils n'adhèrent pas aux Kotodamas et les refusent !
Comment faire pour que ces élèves puissent bénéficier des bienfaits de ces sons sans les utiliser ? Mikao USUI trouve la solution : créer des symboles (support mental) !
Donc, en partant des Kotodamas, Mikao USUI a choisi des idéogrammes japonais qui contenaient ces sons et il a ajouté un dessin pour chacun de ces idéogrammes. C'est ainsi que les symboles ont été introduits dans le Reiki !
Quand, en 1926, Mikao USUI décède, les officiers de la Marine prennent la direction de l'association. Ils transmettent alors le Reikio en accord avec leur pratique : pas de Kotodamas et utilisation exclusive des symboles.

Lorsqu'en 1936, Hawayo TAKATA reçoit l'initiation au Reiki Niveau 2 par Chujiro HAYASHI, seuls les symboles lui sont transmis. On ne lui parle jamais des Kotodamas ; Et n'ayant jamais reçu les Kotodamas, elle ne transmettra à son tour que les symboles.

En l'an 2000 la situation évolue grâce à la rencontre entre Chris Marsh, Maître Reiki et une élève directe de Mikao USUI, Suzuki-san.
Chris Marsh a alors partagé tout ce qu'il avait appris sur les sons sacrés, les Kotodamas.

Les symboles et les Kotodamas ne constituent pas le Reiki en soi.
Vous avez la possibilité de les utiliser si c'est juste et bon pour vous.

Chujiro Hayashi            Chris Marsh

1. **LES KOTODAMAS**

Le Kotodama est le pouvoir spirituel attribué à la langue japonaise. Ce sont des sons sacrés (non secrets) qui activent une énergie spirituelle de la plus haute fréquence.
Leur action est identique aux symboles Reiki Usui.
Pour bénéficier des effets des Kotodamas, il est important de les prononcer à haute voix. Ces sons sacrés augmentent notre vibration.

Trois de ces quatre Kotodamas sont transmis lors du stage de Reiki 2 et le dernier lors du stage de Reiki 3.

Vous pouvez les utiliser lors d'auto-soin, pendant le soin sur une autre personne (prévenir la personne car cela peut surprendre), d'envoi à distance, avec les intentions positives, en méditation.

Les Kotodamas ne sont pas des mots japonais qu'on peut traduire.

Les trois sons sacrés enseignés lors du deuxième degré sont :
- HO A ZE HO NE
- EI EI KI
- HO KU EI

Comment méditer avec les Kotodamas ?
- Kenyoku
- Gasshô meiso est réalisée en seiza, cependant, si cette posture ne vous est pas confortable, cette méditation peut être réalisée assis sur une chaise, ou en position lotus ou demi-lotus, le dos aussi droit que possible selon vos possibilités et détendu. Si nécessaire calez votre dos ou appuyez-vous contre un mur
- Position Gasshô in
- Respiration calme avec le ventre en se concentrant sur le tanden (entre le pubis et le nombril). Etre simplement témoin de sa respiration. Dès que votre respiration est calme....
- ... portez votre attention au point de contact des majeurs (dès que des pensées surgissent, revenez au point de contact des majeurs)
- Choisissez un Kotodama et prononcez-le dans votre tête
- Quand vous vous sentez prêt, prononcez-le à haute voix pendant un certain temps
- Pour vous arrêter, continuez pendant un instant à prononcer le Kotodama dans votre tête
- Faites une révérence et posez vos mains sur vos cuisses, paumes vers le haut

## 2. LES SYMBOLES

*« L'initiation au 1er degré de Reiki permet déjà d'obtenir des résultats significatifs en matière de soins. Quant aux symboles en rapport avec l'initiation du 2ème degré, ils permettent d'obtenir l'intensification de la force Reiki et des guérisons à distance, mais aussi d'effectuer un travail énergétique plus ciblé. »*
Le grand livre des symboles de Reiki – Mark Hosak et Walter Lübeck

Il existe deux grandes catégories de symboles :
- Naturels : lune, soleil, lumière, nuit, étoile, eau, arbre, serpent, pierre, montagne, océan, Homme, animal…
- Créés par l'intelligence de l'Homme : écriture, représentations graphiques, symboles Reiki, mantras…

Pour être compris, un symbole doit être abordé de deux manières :
- Intellectuelle (formation, étude, réflexion)
- Intuitive (méditation, travail énergétique)

On rencontre des symboles et des mantras (mot en sanskrit, en japonais « shingon ») dans toutes les traditions sous diverses appellations. Le terme « mantra » signifie « parole vraie ».
- « man » vient du sanskrit « manana », signifiant pensée.
- « tra » vient du sanskrit « trana » signifiant la notion de sortir l'être humain de son état d'ignorance, pour le conduire à l'éveil, l'illumination.

Un mantra peut être constitué d'une ou plusieurs syllabes, d'un mot, d'une phrase voire de plusieurs… Il relie son utilisateur à l'être divin dont il est la manifestation essentielle, et agit ensuite sur tous les plans de son être, ou bien de façon plus ciblée. Les mantras ont des fonctions multiples et variées (ici activation d'un symbole Reiki).
Le mantra doit être récité avec attention et de façon accentuée.

Ici nous étudierons ceux du Reiki.

Comme pour les Kotodamas, vous pouvez les utiliser lors d'auto-soin, pendant le soin sur une autre personne (prévenir la personne car cela peut surprendre), d'envoi à distance, avec les intentions positives, en méditation.
Les symboles ne sont pas des grigris vides de sens ou des reliques sacrées.
Il ne doit pas y avoir d'adoration, ni d'attitude de « sainteté » quand vous en parlez.
L'utilisation des symboles est discrète, non secrète.
Les symboles permettent d'augmenter le taux vibratoire et l'intuition d'un individu.
Il est nécessaire d'apprendre les symboles et leur mantra par cœur si vous souhaitez les utiliser. Pour pouvoir en faire bon usage, il est important d'avoir une bonne connaissance de leurs propriétés. Dans le cas contraire, leur force d'action est diminuée.
Chaque symbole peut être utilisé seul ou avec les autres symboles.
Les symboles utilisés avec régularité intensifient les effets de façon extraordinaire.

### Pour activer les symboles :

- **L'initiation**

    L'initiation aux symboles donne la possibilité d'utiliser la force dont ils sont dotés pour soi-même et pour autrui.
    Les symboles sont opérationnels tout de suite après l'initiation.

- **L'intention**

    L'intention du praticien de voir le mantra se concrétiser au bénéfice du Tout.

- **Le dessin**

    Il est important de tracer les traits dans l'ordre, les uns après les autres et ne jamais les superposer.
    Chaque trait a un début et une fin. La rigueur est importante et le respect des proportions aussi.
    Il est important de tracer les symboles Reiki avec lenteur.
    Les symboles peuvent être dessinés avec la paume de la main ou le bout des doigts. Les centres énergétiques du bout des doigts ont toutefois moins de force que celui de la paume de la main. Ce qui diminue leur efficacité.

- **Le son ou mantra**

    Il est tout à fait permis de prononcer dans votre tête le chiffre correspondant à chaque trait.

Règle de prononciation :
H expiré comme en anglais
U se prononce « ou »
E se prononce « é »
SH se prononce « ch »
CH se prononce « tch »

Procédure d'activation des symboles : dessinez les symboles avec votre main dominante ou dans votre tête ou sur un support. Puis prononcez 3 fois le nom du mantra, à voix basse ou dans votre tête en tapant de manière douce 3 fois vos mains l'une contre l'autre.

# HSZSN

« L'énergie Universelle en moi tend la main à l'énergie Universelle en toi, et nous ne formons plus qu'un ».

**Kotodama** : oui

**Fonction** : c'est le symbole de connexion, symbole de distance (pour une personne, une situation, dans le passé, le présent, le futur).

La première fonction de ce symbole est la méditation.

Grâce à HSZSN, les limites du temps, de l'espace et des dimensions disparaissent.

**Interprétation ésotérique des traits du symbole :**

| | |
|---|---|
| 1 | Je vais dans l'infinité |
| 2 | je prends la décision |
| 3, 4 | d'établir le canal divin. |
| 5 | Je me souviens de l'infini. |
| 6 | J'ai besoin de la base |
| 7 | pour construire une arche, |
| 8, 9 et 10 | pour la maison |
| 11 | de l'humanité, |
| 12 | afin que la terre soit basse. |
| 13 | Je vais dans la profondeur |
| 14 | où je peux me souvenir de l'infinité. |
| 15 | Je crée la protection |
| 16, 17 | pour donner naissance au canal divin, |
| 18 | sans commencement, sans fin. |
| 19 | J'ai accès à l'enfant intérieur |
| 20 | la coquille divine |
| 21, 22 | dans laquelle je place mes mains en toute confiance. |

HSZSH est étroitement lié à Kongô Satta, L'Esprit de Diamant.

# SHK

« **Homme et énergie Universelle ne font qu'un** ».

**Kotodama** : oui

**Fonction** : c'est le symbole de l'harmonie, du soin mental/émotionnel avec ou sans affirmation (déprogrammation des schémas de pensée inscrits dans l'inconscient et le Subconscient du Moi intermédiaire).
L'énergie de ce symbole va éliminer dans la mesure du possible et selon le degré d'ouverture de chaque personne tous les automatismes comportementaux, les schémas mentaux et émotionnels qui nous empêchent de vivre une vie agréable et nous maintiennent accrochés au passé.
Quand l'émotion est libérée, le symptôme physique disparaît.
SHK transmet ses qualités harmoniques, apaisantes et équilibrantes du sujet traité.

Senjù Kannon, la déesse de la Grande Compassion est associée à SHK.

*Quelques définitions pour y voir plus clair...*

*L'inconscient : tout ce qui n'est pas conscient*

*Le subconscient : état psychique dont on n'a pas conscience mais qui influe sur le comportement*

*Le Moi intermédiaire agit sur la pensée abstraite et analytique, sur les habitudes, sur les sens (odorat, ouïe...) et dirige toutes les actions sur le plan matériel.*

**Précision ! Quelle est la différence entre inconscient et subconscient ?**

*L'inconscient est tous les automatismes de l'esprit et du corps. Le fait de respirer sans y penser comme le fait de réagir à un stimulus extérieur sans y avoir pensé.*
*Les pulsions issues de nos instincts sont du domaine de l'inconscient.*

*Le <u>subconscient</u> c'est, comme son nom l'indique encore, tout se qui se place juste "sous" la conscience et qui sont des automatismes acquis. C'est-à-dire des automatismes que l'on apprend, surtout dans l'enfance.*
*<u>Exemple</u> : craindre le feu parce que l'on s'est déjà brûlé sur une flamme est du domaine du subconscient. Le fait de s'éloigner n'est pas issu d'une réflexion consciente mais d'un réflexe conditionné par le traumatisme de la douleur.*

*Le contenu du subconscient passe par la conscience avant de se greffer au niveau de ce qui est inconscient. Il est donc inconscient mais juste "sous" la conscience, donc "sub" conscient. Certains font une distinction plus nette dans le sens que, pour eux, l'inconscient est inné et ne contient pas d'acquis alors que le subconscient ne contient que l'acquis.*

## Utilisation du symbole :

- Pour faciliter la mémorisation
- Pour nous rappeler certaines informations
- Pour harmoniser une pièce ou un espace (nettoyage énergétique d'un endroit)
- Pour « nettoyer » l'énergie des aliments
- Pour harmoniser l'énergie entre deux personnes en cas de conflit
- Pour harmoniser l'énergie entre un animal et nous

## Interprétation ésotérique des traits du symbole :

1    Je vais vers le moi-supérieur, vers le moi-médian, vers l'enfant intérieur
2    je mets en place la protection
3, 4    j'ai la clef, et sous cette protection je peux ouvrir.

# CKR

« Le Reiki circule maintenant de manière plus intence à cet endroit ».

**Kotodama** : oui

**Fonction** : On le nomme symbole de la focalisation ou du pouvoir ou de la puissance, il intensifie, multiplie la force Reiki et les effets respectifs des symboles. Il permet de focaliser le Reiki à un endroit spécifique dans l'espace. Il est bon de l'utiliser en même temps qu'un autre symbole Reiki, et toujours après ce dernier (sauf pour le Byosen ou au cours d'une méditation).

- Activation des mains : vous tracez le symbole au-dessus de la paume, vous frappez de façon douce dans votre main 3 fois tout en prononçant son mantra 3 fois.
- Augmentation du niveau énergétique de votre corps : vous tracez un grand CKR sur tout votre corps et un petit CKR sur chaque chakra, du 1$^{er}$ au 7$^{ème}$ (du bas vers le haut) et vous prononcez son mantra 3 fois à chaque fois que vous le tracez.
- « Boucher » les trous dans l'aura : lors du Byosen, lorsque vous détectez une « anomalie », vous soulevez votre main à la verticale à 80 cm/1 m et vous descendez votre main en douceur avec l'intention que toute l'énergie nécessaire s'accumule afin de boucher le « trou ». Dès que vous touchez le corps physique de la personne, vous tracez le CKR avec le pouce et vous prononcez son mantra 3 fois. Ou vous pouvez rester à la hauteur du début de l' « anomalie » et tracer avec votre pouce CKR jusqu'à ce que vous ne ressentiez plus rien dans votre main.
- Augmentation du niveau vibratoire d'un espace : vous tracez le CKR sur chaque mur, le sol, le plafond en disant à chaque fois son mantra 3 fois.
- Réalisation d'un champ énergétique de protection autour de votre maison ou de votre voiture : vous tracez ou vous visualisez le CKR en grand sur chaque mur extérieur de la maison, sur le toit et sous la maison ou de la voiture et vous prononcez son mantra 3 fois. Vous pouvez le faire dans un avion, sur un bateau, dans le bus, au bureau...
- Réalisation d'un champ de protection autour d'une personne : vous visualisez le symbole et vous prononcez son mantra 3 fois.
- Augmentation du taux vibratoire des aliments : vous tracez ou visualisez le symbole et vous prononcez son mantra 3 fois.
- Trouver une place de parking : vous tracez ou visualisez le symbole et vous prononcez son mantra 3 fois.

## Interprétation ésotérique des traits du symbole

1    Je vais dans l'infinité
2    je prends la décision.
3    Je l'enveloppe, et ramène toutes les énergies dans le noyau divin (tanden)

Voir en annexe, la symbolique de la spirale.

# SKSK

« Lumière, Amour du cœur qui jaillit du cœur et retourne dans le cœur ».

Le SKSK ne fait pas partie de l'enseignement occidental « traditionnel » généralisé par Hawayo TAKATA.

**Kotodama** : non

**Fonction** : le symbole du cœur

**Effets du symbole** : le symbole du cœur a des effets aux niveaux physique (régulation du cœur, des poumons, de la pression sanguine, de la gorge et du système immunitaire) et non physique (stimulation du processus d'auto-guérison), aussi en cas de tristesse, colère, chagrin ou fatigue.

***! ATTENTION** : il ne stimule pas, il contribue à réguler leur activité.*

Le symbole du cœur est utilisé :
- en auto-soin,
- sur une autre personne
- dans toutes les positions lors des soins en direct pour les personnes souffrant de ces problèmes

**Interprétation ésotérique des traits du symbole :**

1. Je vais dans l'infinité et y crée la chaleur du cœur.
2. Je suis la preuve de la force divine de l'infinité.
3. Je me souviens à nouveau de l'infinité
4. Je prends la décision
5. Et reconduis la force divine
6. Dans le cœur divin.
7. Je ressens l'infinité et crée la chaleur du cœur de l'humanité,
8. Et construis l'union entre les cœurs
9. Ici sur terre et dans le monde.

# LES SOINS AVEC LES SYMBOLES

### 1. L'AUTO-SOIN
- Kenyoku
- Prière en position Gasshô-in
- Tracez CKR sur la paume de chaque main en prononçant à chaque fois 3 fois son mantra et en tapotant 3 fois chaque main
- Tracez CKR en grand sur votre corps + les 7 petits sur les 7 chakras (de bas en haut) en prononçant à chaque fois son mantra 3 fois
- Tracez dans l'air les 4 symboles (HSZSN, SHK, CKR, SKSK) en prononçant 3 fois leur mantra
- Pendant tout l'auto-soin, vous pouvez répéter les symboles, autant de fois que vous le souhaitez et aussi souvent que vous en ressentez le besoin
- A tout moment, vous pouvez prononcer les Kotodamas à haute voix
- A la fin du soin, vous soufflez dans vos mains
- Kenyoku

### 2. LE SOIN SUR UNE AUTRE PERSONNE
- Kenyoku
- Prière en position Gasshô-in
- Tracez CKR sur la paume de chaque main en prononçant à chaque fois 3 fois son mantra et en tapotant 3 fois chaque main
- Tracez CKR en grand sur votre corps + les 7 petits sur les 7 chakras (de bas en haut) en prononçant à chaque fois son mantra 3 fois
- Tracez dans l'air les 4 symboles (HSZSN, SHK, CKR, SKSK) en prononçant le mantra de chaque symbole 3 fois

Puis…
- Prenez le temps de parler avec la personne
- Invitez la personne à s'allonger sur la table de massage, habillée, sans chaussures, ni lunettes, ni montre à quartz…
- Prière en position Gasshô-in + salut
- Byosen (voir TJR – manuel du 1er degré) - pour les « trous » dans l'aura : CKR
- Le soin
- Lissage de l'aura 3 fois
- Beaming pendant +/- 3 minutes dans ou hors de la pièce
- Demandez à la personne : ça va ? (Question ouverte)
- Hanshin Koketsu Hô et si nécessaire Zenshin Koketsu Hô (voir TJR – manuel 1er degré)
- Proposez un verre d'eau et conseillez de boire un peu plus d'eau que d'habitude pendant 2 à 3 jours
- Prenez le temps de parler à la personne
- Dès que la personne est partie, coupez l'énergie des mains, Kenyoku et lavez-vous les mains

# **BEAMING – RAYONNEMENT**

Cette technique, à ajouter à la fin du soin en direct, est basée sur le protocole du soin à distance :

- Eloignez-vous de deux/trois mètres au minimum (si nécessaire allez dans la pièce d'à côté) de la personne
- De là, envoyez à la personne un mini soin à distance (3 minutes) en respectant toutes les règles
- Revenez dans la pièce, invitez la personne à descendre de la table (si cela n'est pas déjà fait) et faites-lui le Hanshin Koketsu Ho

Les effets du beaming :

Pendant que vous maintenez un taux vibratoire élevé de l'aura de la personne, les fréquences énergétiques que nous appelons des guides, vont pouvoir réaliser leur travail sans être gênées par notre présence mentale.

# LE SOIN DE REIKI A DISTANCE

Vous pouvez envoyer du Reiki à distance à une personne, une situation, dans le temps (passé, présent, futur), une personne décédée.

> **LE SOIN A DISTANCE DOIT TOUJOURS ETRE DEMANDE.
> LA PERMISSION DE LA PERSONNE CONCERNEE EST OBLIGATOIRE POUR LUI ENVOYER DU REIKI A DISTANCE.**

Le soin à distance est un complément du soin direct. Il ne le remplace pas. Surtout si la personne habite à proximité. Si elle habite loin, vous pouvez faire un soin à distance.
Quel que soit le problème physique, l'envoi à distance se fait d'une manière globale et non ciblée. Si le problème n'est pas d'ordre physique, il s'agit alors d'un envoi de Reiki à une situation.
Inutile de communiquer à la personne le moment de l'envoi du soin à distance.
Le nombre de jours d'envoi est identique à tout soin en direct (4 jours ou 6 jours en cas de dépression). Si vous pensez qu'il faut plus de temps, décidez du nombre de jours avant le soin ou suivez votre intuition.

1. **A UNE PERSONNE**
a. <u>Vous connaissez la personne</u>
- par visualisation
    - Kenyoku
    - Prière en position Gasshô in
    - Tracez CKR sur la paume de chaque main en prononçant son mantra 3 fois et en tapotant 3 fois chaque main
    - Tracez CKR en grand sur votre corps + les 7 petits sur les 7 chakras (de bas en haut) en prononçant à chaque fois son mantra 3 fois
    - Tracez dans l'air les 4 symboles (HSZSN, SHK, CKR, SKSK) en prononçant pour chaque symbole son mantra 3 fois
    - Prononcez le prénom de la personne 3 fois
    - Placez vos mains « en position » et commencez à « envoyer » tout en visualisant la personne, pendant 5 à 10 minutes
    - Pendant tout ce temps, vous pouvez visualiser les symboles, autant de fois que vous le souhaitez et aussi souvent que vous en ressentez le besoin
    - A tout moment, vous pouvez prononcer les Kotodamas à haute voix
    - Au bout de 5 à 10 mn, vous arrêtez en soufflant et en frottant vos mains pour couper la connexion
    - Kenyoku

- La méthode de la peluche ou la poupée

Dans cette méthode, vous utilisez un support mental et vous vous imaginez que la personne à traiter est représentée par la peluche ou la poupée.

- Kenyoku
- Prière en position Gasshô in
- Tracez CKR sur la paume des mains en prononçant son mantra 3 fois et en tapotant 3 fois chaque main
- Tracez CKR en grand sur votre corps + les 7 petits sur les 7 chakras (de bas en haut) en prononçant à chaque fois son mantra 3 fois
- Tracez dans l'air les 4 symboles (HSZSN, SHK, CKR, SKSK) en prononçant pour chaque symbole son mantra 3 fois
- Pratiquez 2 positions de tête et 2 positions de corps
- Pendant tout ce temps, vous pouvez visualiser les symboles, autant de fois que vous le souhaitez et aussi souvent que vous en ressentez le besoin
- A tout moment, vous pouvez prononcer les Kotodamas à haute voix
- Vous arrêtez en soufflant et en frottant vos mains pour couper la connexion
- Kenyoku

- La méthode « sur les cuisses »

Il s'agit de procéder comme plus haut (utiliser un support mental) mais cette fois vous utilisez votre cuisse droite pour représenter la personne allongée sur son dos et votre cuisse gauche pour représenter la personne allongée sur son ventre.

Je préfère ne pas utiliser mon propre corps pour réaliser ce genre d'envoi à distance pour m'assurer qu'il n'y a aucune interférence.
Mikao USUI l'utilisait parce qu'il avait un niveau de connaissance, de spiritualité et de sagesse bien plus élevé que beaucoup d'entre nous.

b. <u>Vous ne connaissez pas la personne</u>

- La méthode avec une photo – méthode japonaise appelée Shashin Chiryo :
    - Tout d'abord, préparez votre support – la photocopie de la photo de la personne – en dessinant derrière tous les symboles Reiki auxquels vous êtes initié, toujours dans le même ordre : HSZSN, SHK, CKR, SKSK. Puis …
    - Kenyoku
    - Prière en position Gasshô-in
    - Tracez CKR sur la paume des mains en prononçant 3 fois son mantra et en tapotant 3 fois chaque main
    - Tracez CKR en grand sur votre corps + les 7 petits sur les 7 chakras (de bas en haut) en prononçant à chaque fois son mantra 3 fois
    - Tracez dans l'air les 4 symboles (HSZSN, SHK, CKR, SKSK) en prononçant pour chaque symbole son mantra 3 fois
    - Placez vos mains « en position » et commencez à « envoyer » tout en regardant la photo, pendant 5 à 10 minutes
    - Pendant tout ce temps, vous pouvez visualiser les symboles, autant de fois que vous le souhaitez et aussi souvent que vous en ressentez le besoin
    - A tout moment, vous pouvez prononcer les Kotodamas à haute voix
    - Au bout de 5 à 10 mn, vous arrêtez en soufflant et en frottant vos mains pour couper la connexion
    - Kenyoku

A la fin de la série de soins (un ou plusieurs jours), vous brûlez la photo.

- La méthode sans photo :

    - Préparez d'abord votre support qui sera cette fois un bout de papier
    - Ecrivez sur ce papier le prénom de votre destinataire + « pour son plus grand bien, le plus grand bien de tout le monde et en harmonie avec l'Univers »
    - Dessinez au stylo tous les symboles Reiki auxquels vous êtes initié en prononçant pour chaque symbole son mantra 3 fois
    - Pliez le papier pour réduire sa taille puis…
    - Kenyoku
    - Prière en position Gasshô-in
    - Tracez CKR sur la paume de chaque main en prononçant son mantra 3 fois et en tapotant 3 fois chaque main
    - Tracez CKR en grand sur votre corps + les 7 petits sur les 7 chakras (de bas en haut) en prononçant à chaque fois son mantra 3 fois
    - Tracez dans l'air les 4 symboles (HSZSN, SHK, CKR, SKSK) en prononçant pour chaque symbole son mantra 3 fois
    - Prononcez le prénom de la personne 3 fois
    - Placez vos mains « en position » et commencez à « envoyer » avec le papier entre vos mains, pendant 5 à 10 minutes
    - Pendant tout ce temps, vous pouvez visualiser les symboles, autant de fois que vous le souhaitez et aussi souvent que vous en ressentez le besoin
    - A tout moment, vous pouvez prononcer les Kotodamas à haute voix

- Au bout de 5 à 10 mn, vous arrêtez en soufflant et en frottant vos mains pour couper la connexion
- Kenyoku

A la fin de la série de soins (un ou plusieurs jours), vous brûlez la photo.

## 2. A UNE SITUATION

***VIGILANCE ! Envoyer du Reiki à une situation n'a pas pour but de la manipuler. Les évènements se déroulent toujours au mieux pour la personne. Mais nos peurs, nos complexes, nos idées préconçues, nos schémas de pensées, nos patterns… n'auront plus le même impact.*** Ces envois peuvent être pratiqués pour d'autres personnes.

Qu'est-ce qu'une situation ? Tout aspect dans votre vie qui ne vous satisfait pas et que vous souhaitez améliorer. Ou tout aspect de votre vie qui vous satisfait et que vous souhaitez renforcer. En envoyant du Reiki à l'aspect concerné, vous l'harmonisez et le faites évoluer.

Lorsque vous travaillez pour modifier ou renforcer une situation, vous avez besoin de savoir ce que vous voulez dans le domaine en question. Quand vous le savez, vous formulez votre affirmation positive et c'est sur cette affirmation positive que vous allez envoyer du Reiki.

Rappel d'une affirmation/intention positive :

- Aussi courte que possible
- Au temps présent (sauf exception. Par exemple, employez le passé pour la vente de votre maison : « la maison est vendue » ou « j'ai vendu la maison ». Si vous employez le présent, votre maison sera toujours en état de vente)
- Toujours au positif
- Traitez un seul sujet à la fois
- A la fin de toute affirmation positive, ajoutez : « pour mon plus grand bien, le plus grand bien de tout le monde et en harmonie avec l'Univers »
- Verbes interdits : rencontrer, trouver, vouloir, pouvoir, chercher… et tous leurs synonymes

« Pour le plus grand bien de tout le monde » signifie que si je reçois ce que j'affirme (emploi, maison, partenaire, etc.), ce sera bon pour moi et aussi pour toutes les personnes impliquées. Je ne déshabille pas X pour habiller Y.

« En harmonie avec l'Univers » signifie que j'invite l'Univers à œuvrer (Le « comment » les choses vont se dérouler ! Le fameux lâcher-prise. Le « comment » ne nous appartient pas. Notre responsabilité est la mise en action. Et notre attitude cohérente).

En résumé :

- Choisissez le domaine de votre vie que vous souhaitez améliorer ou renforcer
- Exprimez de manière correcte votre intention par rapport à ce domaine-là

Utilisez cette affirmation comme indiqué plus haut : dans l'auto-soin, dites-la à n'importe quel moment de la journée quand votre esprit est libre et utilisez-la dans le « soin mental/émotionnel » et aussi pour faire du Reiki à distance.

Procédure

Dès que l'affirmation positive est formulée, prenez un bout de papier. Ecrivez sur ce papier votre affirmation positive et dessinez en-dessous, au stylo, tous les symboles Reiki auxquels vous êtes initié (prononcez pour chaque symbole son mantra 3 fois). Pliez le papier. Puis..

- Kenyoku
- Prière en position Gasshô-in
- Tracez CKR sur la paume de chaque main en prononçant à chaque fois 3 fois son mantra et en tapotant 3 fois chaque main
- Tracez CKR en grand sur votre corps + les 7 petits sur les 7 chakras (de bas en haut) en prononçant à chaque fois son mantra 3 fois
- Tracez dans l'air les 4 symboles (HSZSN, SHK, CKR, SKSK) en prononçant pour chaque symbole son mantra 3 fois
- Prononcez 3 fois la phrase écrite sur le papier
- Placez vos mains « en position » et commencez à « envoyer » avec le papier entre vos mains, pendant 5 à 10 minutes
- Pendant tout ce temps, vous pouvez visualiser les symboles, autant de fois que vous le souhaitez et aussi souvent que vous en ressentez le besoin
- A tout moment, vous pouvez prononcer les Kotodamas à haute voix
- Au bout de 5 à 10 mn, vous arrêtez en soufflant et en frottant vos mains pour couper la connexion
- Kenyoku

A la fin de la série de soins (un ou plusieurs jours), vous brûlez la photo.

Répétez l'envoi tous les jours, selon le nombre de jours choisi, en suivant votre intuition ou encore jusqu'à la réalisation de votre projet.
Vous pouvez faire ce genre d'envoi pour une autre personne, bien sûr, à sa demande. Mais il est très important que la personne s'implique aussi en utilisant cette même affirmation positive aussi souvent que possible.
De la même manière, vous pouvez envoyer du Reiki à une relation. Dans une relation, il y a au moins 3 protagonistes : les 2 personnes + la relation.
Attention, ne jamais envoyer du Reiki si la ou les personnes ne vous en ont pas fait la demande. Cependant vous pouvez envoyer du Reiki sur la relation.
Par exemple, sur le lieu de votre travail, la relation entre deux collègues est tendue. Et l'ambiance est désagréable. Vous pouvez envoyer du Reiki sur la relation. Je ne prétends pas que ces personnes deviendront amies néanmoins la tension s'harmonisera (exemple d'affirmation positive : la relation entre X et Y est chaque jour de plus en plus harmonieuse pour le plus grand bien de tout le monde et en harmonie avec l'Univers).

### 3. APRES UN SOIN SUR UNE AUTRE PERSONNE

Pour ma part, après chaque soin en direct sur une personne, j'envoie à cette personne du Reiki pendant 3 semaines.
Soit d'une manière globale, soit sur le sujet que nous aurons vu ensemble lors de la séance (affirmation positive).
J'invite la personne à répéter le plus souvent possible l'affirmation positive afin qu'elle s'implique encore plus dans son processus de guérison.

### 4. SANS LA PERMISSION DU DESTINATAIRE

Dans certaines situations, et pour des raisons indépendantes de votre volonté, il est impossible d'avoir la permission du destinataire : coma, hospitalisation, disparition…

Vous allez faire appel à la formule d'urgence ou déclaration d'intention.

- Kenyoku
- Prière en position Gasshô-in
- Tracez CKR sur la paume de chaque main en prononçant à chaque fois 3 fois son mantra et en frappant doucement 3 fois chaque main
- Tracez CKR en grand sur votre corps + les 7 petits sur les 7 chakras (de bas en haut) en prononçant à chaque fois son mantra 3 fois
- Tracez dans l'air les 4 symboles (HSZSN, SHK, CKR, SKSK) en prononçant pour chaque symbole son mantra 3 fois
- Prononcez (à haute voix préférablement) la « déclaration d'intention » : **Ceci est un soin de Reiki à distance sans permission. Si le destinataire (prononcez son prénom) accepte cette énergie et l'utilise pour son plus grand bien, qu'ainsi soit-il. Si ce n'est pas le cas, que toute cette énergie aille là où on en a le plus besoin en ce moment sur Terre, pour le plus grand bien de tout le monde et en harmonie avec l'Univers.**
- Prononcez le prénom de la personne 3 fois
- Placez vos mains en position et commencez à envoyer pendant 5 à 10 minutes
- Pendant tout ce temps, vous pouvez visualiser les symboles, autant de fois que vous le souhaitez et aussi souvent que vous en ressentez le besoin
- A tout moment, vous pouvez prononcer les Kotodamas à haute voix
- Au bout de 5 à 10 mn, vous arrêtez en soufflant et en frottant vos mains pour couper la connexion
- Kenyoku

A la fin de la série de soins, vous brûlez le papier si vous en avez utilisé un.

Cette manière de procéder est positive et efficace. Vous respectez le libre arbitre de la personne concernée et vous ne vous immiscez pas dans son Karma.

## 5. PASSE, PRESENT, FUTUR

*« La notion du passé et du futur modifie profondément le vécu émotionnel. En effet, si l'on a une conscience du futur, la peur que l'on imagine dans le futur devient alors dans le présent de l'anxiété. Le jugement que l'on émet sur un acte passé ou présent peut se transformer en sentiment de culpabilité. Si l'on ne vit que dans le présent, on n'est pas sensible à ces subtilités émotionnelles. C'est le revers de la médaille de la connaissance de soi. »*
Maud Séjournant – Le cercle de vie.

### a. Dans le passé

Le passé ne peut être changé. Cependant vous pouvez, grâce au Reiki, faire en sorte que l'émotion douloureuse liée à une situation du passé diminue et finit par disparaître.
En d'autres mots, le schéma qui fait que « les décisions du passé influencent le présent et le présent influence le futur », ne va plus avoir les mêmes conséquences. La souffrance du passé disparaît peu à peu et votre inconscient, libre de ce poids, vous aidera à prendre des décisions bénéfiques et harmonieuses pour vous.
Pouvoir travailler avec le Reiki sur votre propre passé est un cadeau immense que le Reiki nous offre et c'est une des plus belles façons de vivre notre rôle de co-créateur.

- Cas extrêmes

Cette technique a été développée pour les cas extrêmes, pour les personnes qui ont eu un traumatisme émotionnel très intense, si difficile que même aujourd'hui, des mois voire des années plus tard, la personne concernée ne peut pas penser à l'incident sans revivre une souffrance immense.
Vous allez combiner la visualisation et l'envoi du Reiki à distance.
La façon de procéder est en deux étapes : la première concerne le jour avant l'expérience et la deuxième prend en compte le jour après l'expérience. Agir sur le jour de l'expérience renforce la souffrance au lieu de vous en libérer.
Par exemple, si l'incident s'est passé un mardi, concentrez-vous sur le lundi puis sur le mercredi.

Procédure

- Kenyoku
- Prière en position Gasshô in
- Tracez CKR sur la paume de chaque main en prononçant à chaque fois 3 fois son mantra et en tapotant 3 fois chaque main
- Tracez CKR en grand sur votre corps + les 7 petits sur les 7 chakras (de bas en haut) en prononçant à chaque fois son mantra 3 fois
- Tracez dans l'air les 4 symboles (HSZSN, SHK, CKR, SKSK) en prononçant pour chaque symbole son mantra 3 fois
- Prononcez 3 fois la phrase écrite sur le papier : « A moi-même le lundi »
- Placez vos mains « en position » et commencez à « envoyer » avec le papier entre vos mains, pendant 5 à 10 minutes
- Pendant tout ce temps, vous pouvez visualiser les symboles, autant de fois que vous le souhaitez et aussi souvent que vous en ressentez le besoin
- A tout moment, vous pouvez prononcer les Kotodamas à haute voix

- Au bout de 5 à 10 mn, vous arrêtez en soufflant et en frottant vos mains pour couper la connexion
- Kenyoku.

A la fin de ce cycle de soin, vous brûlez le papier.

Vous répétez cet envoi à distance autant de jours que nécessaires pour que cette image de vous-même (souriant, joyeux, serein) s'installe, se grave dans votre mémoire et que vous puissiez la voir à tout moment, de manière instantanée.
Quand c'est fait, vous continuez les envois de la même façon, mais vous changez la phrase sur le papier : « A moi-même le mercredi ». Vous sautez donc le jour de l'incident vous imposant la même image de lundi : vous êtes souriant, joyeux, serein.
Il est bien évident que vous pouvez arrêter à tout moment, pour une pause ou encore y renoncer si vous pensez que la méthode ne convient pas.
Vous saurez que la guérison est en cours quand vous parlerez de l'incident de manière un peu plus détachée sans ressentir à nouveau une extrême souffrance.

- <u>Moments difficiles</u>

Dans votre passé, il y a eu peut-être des moments difficiles et, à chaque fois que vous y pensez, vous ressentez toujours une souffrance plus ou moins importante.
Préparation initiale :
- Choisissez l'événement sur lequel vous souhaitez travailler
- Prenez un bout de papier et écrivez sur ce papier « A moi-même lors de tel événement »
- Dessinez en-dessous, au stylo, tous les symboles Reiki auxquels vous êtes initié. Prononcez dans votre tête ou à haute voix le mantra de chaque symbole 3 fois
- Pliez le papier puis…
- Kenyoku
- Prière en position Gasshô-in
- Tracez CKR sur la paume de chaque main en prononçant à chaque fois 3 fois son mantra et en tapotant 3 fois chaque main
- Tracez CKR en grand sur votre corps + les 7 petits sur les 7 chakras (de bas en haut) en prononçant à chaque fois son mantra 3 fois
- Tracez dans l'air les 4 symboles (HSZSN, SHK, CKR, SKSK) en prononçant pour chaque symbole son mantra 3 fois
- Prononcez 3 fois la phrase écrite sur le papier
- Placez vos mains « en position » et commencez à « envoyer » avec le papier entre vos mains, pendant 5 à 10 minutes
- Pendant tout ce temps, vous pouvez visualiser les symboles, autant de fois que vous le souhaitez et aussi souvent que vous en ressentez le besoin
- A tout moment, vous pouvez prononcer les Kotodamas à haute voix
- Au bout de 5 à 10 mn, vous arrêtez en soufflant et en frottant vos mains pour couper la connexion
- Kenyoku.

A la fin de la série de soins, vous brûlez le papier.
Vous saurez que la guérison est en cours ou complète quand vous parlerez de cet incident de manière détachée avec une impression d'indifférence.

- <u>Périodes ou tranches d'âge</u>

Cette dernière façon de faire est, à mon avis, la plus importante et la plus bénéfique, malgré le fait qu'elle demande plus de temps de notre part que les autres méthodes.

Vous allez diviser votre vie en périodes, moments ou tranches d'âge :

- Les neuf mois précédant ma conception
- Le moment de ma conception
- La période intra-utérine
- Le moment de ma naissance
- De 0 à 6 mois
- De 6 mois à 12 mois
- De 12 mois à 18 mois
- … et ainsi de suite, jusqu'à l'âge de 7 ans. Et après …
- De 7 ans à 8 ans
- De 8 ans à 9 ans
- De 9 ans à 10 ans
- … est ainsi de suite, jusqu'à aujourd'hui

Vous allez envoyer du Reiki à chaque période ou moment de votre vie pendant 7 jours.
Si vous commencez le lundi, vous réalisez l'envoi pendant toute une semaine et le lundi suivant vous changez de période. Et vous passez ainsi d'une période à une autre pour en arriver au moment présent.
Cela peut paraître long : pour une personne de 40 ans, il faut au total 51 semaines !
Quoi qu'il en soit, lorsqu'on commence ce processus, il est important d'être réaliste et bienveillant avec soi. Cela veut dire que si un jour vous avez envie de faire une pause, faites-la. N'arrêtez pas de manière définitive, faites juste une pause de quelques semaines. Quand vous recommencerez, reculez de 2 à 3 périodes et continuez.
D'autre part, si vous sentez le besoin de rester plus d'une semaine sur la même période, faites-le. Parfois, on oublie de changer de semaine – aussi incroyable que cela puisse paraître ! C'est certainement parce que vous avez besoin de rester plus de temps sur cette période-là…
Cette méthode n'implique aucun risque car le thérapeute ici est le Reiki. Vous avez la garantie que le travail sera fait en profondeur, mais sans vous amener au-delà de vos limites et vous n'allez jamais sentir que vous êtes « au bout du rouleau ».

## Procédure

- Prenez un bout de papier, écrivez : « A moi-même, pendant les neuf mois précédant ma conception pour mon plus grand bien, le plus grand bien de tout le monde et en harmonie avec l'Univers »
- Dessinez en-dessous de la phrase tous les symboles Reiki auxquels vous êtes initié. Prononcez dans votre tête ou à haute voix le mantra de chaque symbole 3 fois
- Pliez le papier puis…
- Kenyoku
- Prière en position Gasshô-in
- Tracez CKR sur la paume de chaque main en prononçant à chaque fois 3 fois son mantra et en tapotant 3 fois chaque main
- Tracez CKR en grand sur votre corps + les 7 petits sur les 7 chakras (de bas en haut) en prononçant à chaque fois son mantra 3 fois
- Tracez dans l'air les 4 symboles (HSZSN, SHK, CKR, SKSK) en prononçant pour chaque symbole son mantra 3 fois
- Prononcez 3 fois la phrase écrite sur le papier
- Placez nos mains « en position » et commencez à « envoyer » avec le papier entre vos mains, pendant 5 à 10 minutes
- Pendant tout ce temps, vous pouvez visualiser les symboles, autant de fois que vous le souhaitez et aussi souvent que vous en ressentez le besoin
- A tout moment, vous pouvez prononcer les Kotodamas à haute voix
- Au bout de 5 à 10 mn, vous arrêtez en soufflant et en frottant vos mains pour couper la connexion
- Kenyoku.

A la fin du cycle de soins, soit une semaine plus tard, vous brûlez le papier.

Vous faites cet envoi tous les jours et si vous voulez, vous pouvez utiliser un cristal de Quartz (voir le chapitre : Utilisation du cristal de Quartz) ce qui va faire que votre travail sera encore plus efficace et la charge de travail plus légère.

Le lundi d'après, vous brûlez le papier et vous préparez la période suivante. Sur le nouveau papier, vous marquez « A moi-même au moment de ma conception » et vous procédez comme indiqué plus haut.

Quand vous aurez fini toute la série de soins, laissez passer une année avant de recommencer.
La 2ème fois, 2 ans. La 3ème fois, 3 ans et ainsi de suite…

### b. Dans le présent

Voici une utilisation simple et agréable du Reiki à distance : envoyer du Reiki à soi-même. Vous pouvez utiliser un cristal de quartz (voir le chapitre : Utilisation du cristal de Quartz)

Procédure
Vous préparez votre support comme d'habitude (photo ou feuille de papier). Si c'est une photo, vous écrivez votre prénom derrière et dessinez les symboles ; si c'est un papier, vous pouvez écrire votre prénom ou les mots « A moi-même » et dessinez les symboles.

- Kenyoku
- Prière en position Gasshô-in
- Tracez CKR sur la paume de chaque main en prononçant à chaque fois 3 fois son mantra et en tapotant 3 fois chaque main
- Tracez CKR en grand sur votre corps + les 7 petits sur les 7 chakras (de bas en haut) en prononçant à chaque fois son mantra 3 fois
- Tracez dans l'air les 4 symboles (HSZSN, SHK, CKR, SKSK) en prononçant pour chaque symbole son mantra 3 fois
- Prononcez 3 fois ce que vous avez écrit derrière la photo ou sur le papier
- Placez vos mains « en position » et commencez à « envoyer » du Reiki avec votre photo ou le papier entre vos mains, pendant 5 à 10 minutes
- Pendant tout ce temps, vous pouvez visualiser les symboles, autant de fois que vous le souhaitez et aussi souvent que vous en ressentez le besoin
- A tout moment, vous pouvez prononcer les Kotodamas à haute voix
- Au bout de 5 à 10 mn, vous arrêtez en soufflant et en frottant vos mains pour couper la connexion.
- Kenyodu

A la fin du cycle de soins, vous brûlez le papier.

### c. Dans le futur

Deux possibilités : le futur immédiat ou futur relatif.

Futur immédiat : vous apprenez dans la matinée qu'un évènement important va se produire dans l'après-midi à 16 h 30.
Vous écrivez sur un bout de papier : « A moi-même, aujourd'hui entre 16 h et 18 h pour mon plus grand bien, le plus grand bien de tout le monde et en harmonie avec l'Univers. »
Vous dessinez, au stylo, sous la phrase, les 4 symboles (HSZSN, SHK, CKR, SKSK) auxquels vous êtes initié, en prononçant pour chaque symbole son mantra 3 fois.

Procédure
- Kenyoku
- Prière en position Gasshô-in
- Tracez CKR sur la paume de chaque main en prononçant à chaque fois 3 fois son mantra et en tapotant 3 fois chaque main
- Tracez CKR en grand sur votre corps + les 7 petits sur les 7 chakras (de bas en haut) en prononçant à chaque fois son mantra 3 fois
- Tracez dans l'air les 4 symboles (HSZSN, SHK, CKR, SKSK) en prononçant pour chaque symbole son mantra 3 fois
- Prononcez 3 fois la phrase que vous avez écrite sur le papier
- Placez vos mains « en position » et commencez à « envoyer » avec le papier entre vos mains, pendant 5 à 10 minutes
- Pendant tout ce temps, vous pouvez visualiser les symboles, autant de fois que vous le souhaitez et aussi souvent que vous en ressentez le besoin
- A tout moment, vous pouvez prononcer les Kotodamas à haute voix
- Au bout de 5 à 10 mn, vous arrêtez en soufflant et en frottant vos mains pour couper la connexion
- Kenyoku

Vous brûlez le papier tout de suite après.

Futur relatif : vous apprenez que bientôt vous allez vivre un évènement mais la date est encore méconnue.
Vous écrivez sur un bout de papier : « A moi-même, le jour de tel évènement pour mon plus grand bien, le plus grand bien de tout le monde et en harmonie avec l'Univers. »
Vous dessinez, au stylo, sous la phrase les 4 symboles (HSZSN, SHK, CKR, SKSK) en prononçant pour chaque symbole son mantra 3 fois.

Procédure
- Kenyoku
- Prière en position Gasshô-in
- Tracez CKR sur la paume de chaque main en prononçant à chaque fois 3 fois son mantra et en tapotant 3 fois chaque main
- Tracez CKR en grand sur votre corps + les 7 petits sur les 7 chakras (de bas en haut) en prononçant à chaque fois son mantra 3 fois
- Tracez dans l'air les 4 symboles (HSZSN, SHK, CKR, SKSK) en prononçant pour chaque symbole son mantra 3 fois
- Prononcez 3 fois la phrase écrite sur le papier
- Placez nos mains « en position » et vous commencez à « envoyer » avec le papier entre vos mains, pendant 5 à 10 minutes
- Pendant tout ce temps, vous pouvez visualiser les symboles, autant de fois que vous le souhaitez et aussi souvent que vous en ressentez le besoin
- A tout moment, vous pouvez prononcer les Kotodamas à haute voix
- Au bout de 5 à 10 mn, vous arrêtez en soufflant et en frottant vos mains pour couper la connexion
- Kenyoku

Vous continuez l'envoi tous les jours jusqu'au jour de l'évènement puis vous brûlez le papier.

## 6. A UNE PERSONNE DECEDEE

Il est nécessaire d'utiliser la « déclaration d'intention ».

Procédure

- Kenyoku
- Prière en position Gasshô-in
- Tracez CKR sur la paume de chaque main en prononçant à chaque fois 3 fois son mantra et en tapotant 3 fois chaque main
- Tracez CKR en grand sur votre corps + les 7 petits sur les 7 chakras (de bas en haut) en prononçant à chaque fois son mantra 3 fois
- Tracez dans l'air les 4 symboles (HSZSN, SHK, CKR, SKSK) en prononçant pour chaque symbole son mantra 3 fois
- Prononcez 3 fois le prénom de la personne.
- Placez vos mains « en position » et vous commencez à « envoyer » pendant 5 à 10 minutes
- Pendant tout ce temps, vous pouvez visualiser les symboles, autant de fois que vous le souhaitez et aussi souvent que vous en ressentez le besoin
- A tout moment, vous pouvez prononcer les Kotodamas à haute voix
- Au bout de 5 à 10 mn, vous arrêtez en soufflant et en frottant vos mains pour couper la connexion
- Kenyoku

Si vous avez utilisé un support (photo ou papier), vous brûlez le papier tout de suite après.

Par ce biais vous pouvez envoyer du Reiki à toute entité que vous souhaitez : Bouddha, Jésus Christ, un Saint, Marie…

## 7. UNE AUTRE UTILISATION DU REIKI A DISTANCE

**Notre marathon à distance avec toutes les personnes initiées à partir du 2ème degré (sur accord) : le 1er dimanche de chaque mois à tour de rôle (receveur et donneur).**

# **TECHNIQUES JAPONAISES DE REIKI**

**Jacki-Kiri Joka-Hô** signifie "rituel pour purifier les énergies négatives en les coupant". Jakikiri joka-ho est une méthode pour purifier les objets.

## **NE JAMAIS L'UTILISER SUR DES ETRES VIVANTS**
(Plantes, animaux…)

- Tenez l'objet dans votre main non-dominante
- Inspirez profondément jusqu'à votre tanden (entre le pubis et le nombril)
- Avec l'autre main, exécutez 2 coups de "karaté" dans l'air, horizontalement, paume vers le bas, doigts tendus, à environ cinq centimètres au-dessus de l'objet en dépassant votre main non dominante. Chaque coup doit être vif
- La 3ème fois, arrêtez brusquement le mouvement au-dessus de l'objet. Expirez par la bouche. Il faut rester concentré sur votre tanden pendant ces mouvements.
- Puis donnez du Reiki pendant 5 à 10 minutes

Si l'objet est trop gros, utilisez quelque chose pour le symboliser qui tient dans votre main ou visualisez-le dans votre main (soin à distance).

**Laser Hô** signifie le rituel sans nom

Cette méthode est préconisée pour les kystes, abcès, boutons, furoncles, poils incarnés, verrues, cancer…

- Joindre le pouce, le majeur et l'annulaire de la main dominante. L'index et l'auriculaire restent allongés
- Joindre tous les doigts de la main non-dominante (en antenne)

Le rayon d'énergie sort du point des 3 doigts de la main dominante.
Le point à traiter peut être touché ou on peut se placer tout près.
Vous restez dans cette position le temps qu'il vous semble nécessaire.

**Seiheki Chiryo-Hô** signifie "rituel pour traiter les mauvaises habitudes".

- Traitez les yeux et les tempes
- Au-dessus du crâne : CKR – SHK
- Placez votre main dominante sous la nuque de la personne paume à la base du crâne, et l'autre sur le chakra coronal. Dessinez mentalement les symboles entourez-les d'une lumière dorée et répétez le mantra de chaque symbole et le prénom de la personne 3 fois
- Visualisez un faisceau lumineux pénétrer le sommet du crâne et gagner la gorge, la poitrine, le torse et l'ensemble du corps de la personne jusqu'aux pieds
  Il est possible de se heurter à des zones de blocages, de tensions, qui sont comme des « recoins » sombres du corps. Leur transmettre davantage de lumière et noter leur emplacement
- Le faire pendant 2 à 4 minutes
- Concentrez-vous sur votre 3ème œil et videz-vous la tête le plus possible
- Enoncez maintenant, sous forme de question ou d'affirmation, la « formule de guérison ». L'adresser directement aux subconscient et superconscient de la personne
  Répétez 3 fois dans votre tête : « **nous demandons aux subconscient et superconscient de … de lui enseigner la cause de son problème de … et de lui montrer ce qu'elle (il) doit faire pour s'aimer, s'accepter et se guérir totalement** »
- Puis prononcez à haute voix : « **La voie est désormais ouverte** » et attendez. Maintenez la position de vos mains jusqu'à sentir que le processus est achevé, ce qui prend généralement de 5 à 10 mn

En fin de soin, transmettre lumière, amour, énergie et remerciements pour avoir reçu la guérison, et trouvez une manière de dire « au revoir »
Retirez mes mains et continuez le soin Reiki

*Définition du superconscient : le plus grand des guides, parfait, lumineux, pur, tout puissant, illimité, le lien direct avec le « créateur », notre partie divine. C'est l'identité unitaire, l'humanité spirituelle. C'est vivre dans le monde pour les autres et pour soi. C'est l'ego ouvert, l'ego social, l'ego épanoui dans le contact avec autrui sans oubli de soi-même.*

Autre technique :

Placez votre main non-dominante sur le front et la main dominante à l'arrière de la tête. Maintenez vos mains dans cette position pendant 2 à 3 minutes, tandis que vous répétez de façon intense l'affirmation dans votre tête. Puis cessez de penser à l'affirmation, retirez votre main posée sur le front et donnez du Reiki par l'intermédiaire de la main dominante, toujours posée à l'arrière de la tête pendant 5 mn.

**Hesso Chiryo** signifie « soin par le nombril »

- Placez votre majeur dans votre nombril et appliquez une petite pression jusqu'à sentir une légère pulsion énergétique. Vous êtes alors prêt pour commencer l'exercice
- Laissez l'énergie Reiki passer par votre majeur dans votre nombril pendant 5 à 10 minutes

Vous pouvez pratiquer cette technique sur une autre personne avec son accord.

## Uchi Te

Cette méthode consiste à tapoter le corps énergétique du bout des doigts, ou avec le plat de la main. C'est une technique de stimulation qui aide l'énergie à circuler. Elle est utilisée en cas de blocages ou de stagnation d'énergie. Cette technique aide l'énergie Reiki à pénétrer.

## Nada Te

Cette méthode consiste à brosser le corps énergétique du bout des doigts par des mouvements linéaires ou circulaires. Cette technique aide à la circulation de l'énergie.

## Oshi Te

Cette méthode consiste à pousser le corps énergétique avec le bout des doigts ou la paume de la main. Selon certaines sources, on peut réaliser cette technique sur le corps énergétique en ouvrant et en fermant lentement la main, comme si on pompait l'énergie, dans un sens, puis dans l'autre. C'est une technique de déblocage, utile pour les zones contractées.

# LE CRISTAL DE QUARTZ

L'utilisation du cristal de quartz peut être utilisée pour tous les soins à distance que ce soit sur une personne, une situation, dans le passé, le présent, le futur, etc.

Pourquoi utiliser le cristal de quartz ?

- Parce qu'il a une capacité d'émission et de réception.
- Parce qu'il n'ajoute rien, n'enlève rien à l'énergie et à l'intention.

Caractéristiques du cristal de quartz :

- Etat : aucune importance
- Taille : petit ou moyen
- Forme : avec une pointe
- Couleur : incolore
- Pureté : aucune importance
- Choix du cristal :
    - Intuitif
    - En le testant avec la main
    - En utilisant un pendule

Nettoyage du cristal :

Avant d'utiliser un cristal, quel que soit le type de cristal et le genre de travail que vous souhaitez faire, il est indispensable de le nettoyer.
Le cristal se charge très facilement des énergies ambiantes des lieux et de toutes les personnes qui l'ont manipulé, depuis le moment de l'extraction jusqu'à la dernière personne qui l'a touché.

Préparation de la solution saline :
- Prendre de l'eau à température ambiante et du sel (gros ou fin)
- Dissoudre le sel dans l'eau en tournant avec un fouet de cuisine par exemple. Pour tester si l'eau est saturée en sel, utilisez un œuf. Si l'œuf plonge rapidement, il faut rajouter du sel ; si l'œuf flotte ou plonge lentement, c'est bon
- Attendre quelques instants pour que les cristaux en suspension tombent dans le fond du récipient
- Filtrer cette eau dans un autre récipient
- Placer le cristal dans cette eau salée pendant 24 à 48 h

Il est possible de placer plusieurs cristaux dans le même récipient. Ils peuvent se toucher.
Astuce : préparer la solution saline dans un verre doseur pour voir à quelle vitesse l'œuf tombe.

Au bout de 24 à 48 h, sortez le cristal de l'eau saline, passez-le sous le robinet d'eau froide pour le rincer pendant quelques secondes et séchez-le avec un chiffon doux et propre. Votre cristal est prêt.

Comment envoyer à distance avec le cristal ?

Exemple : vous écrivez sur un bout de papier : « à moi-même, aujourd'hui entre 16 h et 18 h. » Vous dessinez les 4 symboles sur le papier en prononçant le mantra de chaque symbole 3 fois.

Procédure

- Kenyoku
- Prière en position Gasshô-in
- Tracez CKR sur la paume de chaque main en prononçant à chaque fois 3 fois son mantra et en tapotant 3 fois chaque main
- Tracez CKR en grand sur votre corps + les 7 petits sur les 7 chakras (de bas en haut) en prononçant à chaque fois son mantra 3 fois
- Tracez dans l'air les 4 symboles (HSZSN, SHK, CKR, SKSK) en prononçant pour chaque symbole son mantra 3 fois
- Prononcez 3 fois le nom du destinataire ou la phrase écrite sur le papier
- Prenez le papier dans une main, posez le cristal sur le papier, placez l'autre main en position au-dessus et commencez à « envoyer » avec le papier entre vos mains, pendant 5 à 10 minutes
- Pendant tout ce temps, vous pouvez visualiser les symboles, autant de fois que vous le souhaitez et aussi souvent que vous en ressentez le besoin
- A tout moment, vous pouvez prononcer les Kotodamas à haute voix
- Au bout de 5 à 10 mn, posez le papier et le cristal et vous arrêtez en soufflant et en frottant vos mains pour couper la connexion
- Kenyoku

A partir de ce moment, le cristal « envoie » du Reiki à votre destinataire 24 h/24, et ce jusqu'à 3 jours.

Vous refaites la procédure complète tous les jours, jusqu'à la fin du soin.
Mais si un jour vous avez un empêchement, votre cristal continuera à « envoyer » et le soin à distance se fera sans interruption.
A la fin de la série de soins, vous brûlez le papier et vous nettoyez le cristal en le plaçant sous le robinet pendant quelques instants. Il est prêt pour le soin suivant.

Si le cristal n'est pas utilisé pendant un certain temps, il est nécessaire de le nettoyer une fois de plus sous le robinet.

Vous pouvez emporter vos cristaux en voyage. Les rayons des contrôles dans les aéroports ne les déprogramment pas.

# MEDITATION AVEC LES TRAITS DES SYMBOLES

Dès que vous aurez mémorisé les symboles, vous êtes prêt à faire cette méditation.
A chaque trait correspond une phrase. Il est conseillé de prononcer ces phrases à haute voix.

## HSZSN

| | |
|---|---|
| 1 | Je vais dans l'infinité |
| 2 | je prends la décision |
| 3, 4 | d'établir le canal divin. |
| 5 | Je me souviens de l'infini. |
| 6 | J'ai besoin de la base |
| 7 | pour construire une arche, |
| 8, 9 et 10 | pour la maison |
| 11 | de l'humanité, |
| 12 | afin que la terre soit basse. |
| 13 | Je vais dans la profondeur |
| 14 | où je peux me souvenir de l'infinité. |
| 15 | Je crée la protection |
| 16, 17 | pour donner naissance au canal divin, |
| 18 | sans commencement, sans fin. |
| 19 | J'ai accès à l'enfant intérieur |
| 20 | la coquille divine |
| 21, 22 | dans laquelle je place mes mains en toute confiance. |

## SHK

1  Je vais vers le moi-supérieur, vers le moi-médian, vers l'enfant intérieur
2  je mets en place la protection
3, 4  J'ai la clef, et sous cette protection je peux ouvrir.

## CKR

1  Je vais dans l'infinité
2  Je prends la décision.
3  Je l'enveloppe, et ramène toutes les énergies dans le noyau divin (tanden)

## SKSK

1  Je vais dans l'infinité et y crée la chaleur du cœur.
2  Je suis la preuve de la force divine de l'infinité.
3  Je me souviens à nouveau de l'infinité,
4  je prends la décision
5  et reconduis la force divine
6  dans le cœur divin.
7  Je ressens l'infinité et crée la chaleur du cœur de l'humanité,
8  et construis l'union entre les cœurs
9  ici sur terre et dans le monde.

# MA LIGNEE

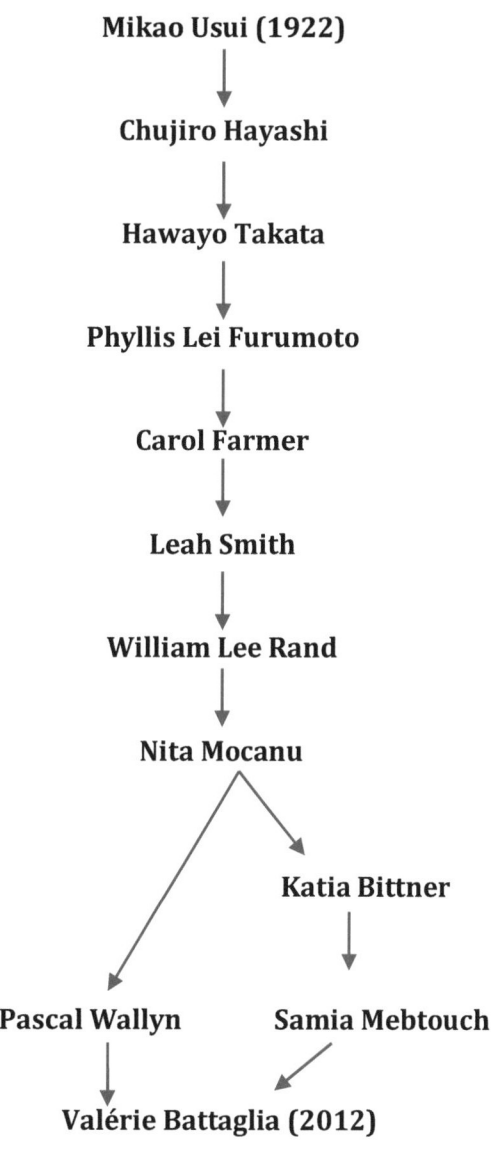

# ANNEXE : LA SPIRALE

La spirale, dont la formation naturelle est fréquente dans le règne végétal (*vigne - volubilis - tournesol ...*) animal *(escargots – coquillages, etc)* et humain *(les cheveux sont implantés en spirale sur notre tête, c'est la forme de la cochlée dans l'oreille interne...)* évoque l'évolution d'une force, d'un état.

La spirale est un symbole graphique très ancien et très répandu, elle s'apparente au cercle ou à un système de cercles concentriques qu'on ne peut pas toujours distinguer de la spirale elle-même. En principe, elle est un système dynamique qui se concentre ou se développe selon que le mouvement est centrifuge ou centripète. Le motif de la spirale peut avoir été inspiré par l'observation des flux tourbillonnants de l'eau courante et aussi par la vision des remous qui se produisent lorsqu'un liquide s'écoule par une ouverture, vers le bas. La spirale renverrait à l'ordre cosmique de la croissance et de la décroissance du soleil et du jour selon le rythme des saisons : chez le Mayas, dont la cosmologie se développe selon le motif de la spirale, le solstice d'hiver représente le point d'origine. La spirale figure, en somme, les rythmes répétés de la vie, le caractère cyclique de l'évolution et la permanence de l'être sous la fugacité du mouvement. Elle fait penser aussi à la « danse du Yin et du Yang » qui ne cessent de s'engendrer l'un l'autre. La spirale semble avoir été aussi, à l'origine, un symbole spécifiquement féminin, rattaché au cycle lunaire dans sa croissance et sa décroissance perpétuelle. La spirale est un élément important de la symbolique judéo-chrétienne, et y représente le souffle de la vie, qui englobe l'Homme et le tire à Dieu tout-à-la-fois. Rotation et ascension, révolution et élévation, tels sont donc les mouvements qui semblent animer l'univers. Le dieu hindou Shiva, entraîné dans sa danse folle et perpétuelle, évoque un mouvement comparable.

On peut retrouver le mouvement spiralé dans l'ordre architectural « Ionique » :

Le triskel ou triskèle de la tradition celtique, composé de trois spirales représentées dans un même graphisme, symbolise, entre-autres, trois des quatre éléments (sauf l'air), le passé, le présent et l'avenir, ou les trois âges de la vie : jeunesse, âge mûr et vieillesse.

*Une autre vidéo/variation sur le thème de la spirale*
http://antiochus.over-blog.com/article-spirale-symbolique-65108107.html

La spirale symbolise le cheminement, la déambulation, dans les cercles concentriques de la pensée, de l'univers et par là-même, elle représente le développement personnel, l'accomplissement de soi et l'élan vers « l'autre ». Elle est le contraire du labyrinthe où il est aisé de se perdre (ou de se trouver ?), c'est un motif ouvert et optimiste ...

# **MERCI... le plus beau des mantras**

Eprouvez de la gratitude pour ce que vous avez déjà.
Chaque jour exprimez votre gratitude.
Remerciez, remerciez et remerciez encore.

« Je suis vivante, ouverte à tout ce que la Vie m'offre aujourd'hui,
A chaque nouvel évènement.
La Vie est généreuse et me soutient dans mon évolution.
La Vie me fait confiance et je fais confiance à la Vie
car elle sait toujours mieux que moi.
Je remercie la Vie pour tous ces bienfaits ».